Impressum
Verlag: BABADADA GmbH, Nedderfeld 112 , 22529 Hamburg
Geschäftsführer / Verlagsleitung: Harald Hof
Druck: Books on Demand GmbH, In de Tarpen 42, 22848 Norderstedt

Imprint
Publisher: BABADADA GmbH, Nedderfeld 112 , 22529 Hamburg, Germany
Managing Director / Publishing direction: Harald Hof
Print: Books on Demand GmbH, In de Tarpen 42, 22848 Norderstedt

klasseværelse
classroom

dividere
divide

$186/2$

tavle
board

skolegård
school yard

lærer
teacher

papir
paper

skrive
write

pen
pen

skrivebord
desk

lineal
ruler

bog
book

elev
pupil

skoletaske
satchel

penalhus
pencil case

blyant
pencil

blyantspidser
pencil sharpener

viskelæder
rubber

tegneblok
drawing pad

tegning

drawing

pensel

paintbrush

æske med vandfarver

paint box

saks

scissors

lim

glue

opgavehefte

exercise book

lektie

homework

12

tal

number

2+2

addere

add

5-2

subtrahere

subtract

2×2

multiplicere

multiply

regne

calculate

A

bogstav

letter

ABCDEFG HIJKLMN OPQRSTU VWXYZ

alfabet

alphabet

hello

ord

word

tekst

text

læse

read

kridt

chalk

time

lesson

klasseprotokol

register

eksamen

examination

karakterbog

certificate

skoleuniform

school uniform

uddannelse

education

leksikon

encyclopedia

universitet

university

mikroskop

microscope

kort

map

papirkurv

waste-paper basket

hotel
hotel

herberg
hostel

vekselkontor
currency exchange office

kuffert
suitcase

bil
car

sprog
language

ja / nej
yes / no

okay
Okay

hej
hello

oversætter
translator

tak
Thank you

hvad koster...?

how much is...?

Jeg forstår ikke

I don´t get it

problem

problem

God aften!

Good evening!

God morgen!

Good morning!

God nat!

Good night!

farvel

goodbye

retning

direction

bagage

luggage

taske

bag

rygsæk

backpack

gæst

guest

værelse

room

sovepose

sleeping bag

telt

tent

turistinformation

tourist information

strand

beach

kreditkort

credit card

morgenmad

breakfast

middagsmad

lunch

aftensmad

dinner

billet

Ticket

elevator

elevator

frimærke

stamp

grænse

border

told

customs

ambassade

embassy

visum

visa

pas

passport

flyvemaskine
airplane

skib
ship

brandbil
fire truck

bus
bus

lastbil
truck

motorbåd
motorboat

cykel
bike

bil
car

færge
ferry

båd
boat

motorcykel
motorbike

politibil
police car

racerbil
racing car

lejebil
rental car

samkørsel

car sharing

kranbil

tow truck

skraldebil

garbage truck

motor

engine

benzin

fuel

tankstation

fuel station

trafikskilt

traffic sign

trafik

traffic

trafikprop

traffic jam

parkeringsplads

parking lot

banegård

train station

skinner

tracks

tog

train

sporvogn

tram

wagon

wagon

helikopter

helicopter

lufthavn

airport

tårn

tower

passager

passenger

container

container

karton

carton

kærre

cart

kurv

basket

starte / lande

take off / land

by

city

landsby

village

bymidte

city center

hus

house

The scene shows a city street with the following labels:

- biograf / movie theater
- reklame / advert
- gadelygte / street light
- gade / street
- taxi / taxi
- kiosk / snack shop
- fodgænger / pedestrian
- fortov / sidewalk
- fodgængerovergang / zebra crossing
- skraldespand / dumpster
- kryds / crossing
- lyskurv / traffic lights

CINEMA

hytte
hut

lejlighed
apartment

banegård
train station

rådhus
city hall

museum
museum

skole
school

universitet

university

bank

bank

sygehus

hospital

hotel

hotel

apotek

pharmacy

kontor

office

boghandel

book shop

butik

shop

blomsterbutik

flower shop

supermarked

supermarket

marked

market

stormagasin

department store

fiskehandler

fishmonger's shop

butikscenter

mall

havn

harbor

park
park

bænk
bench

bro
bridge

trappe
stairs

undergrundsbane
subway

tunnel
tunnel

busstoppested
bus stop

barnevogn
bar

restaurant
restaurant

postkasse
postbox

vejskilt
street sign

parkometer
parking meter

zoo
zoo

badeanstalt
swimming pool

moske
mosque

bondegård
farm

miljøforurening
pollution

kirkegård
cemetery

kirke
church

legeplads
playground

tempel
temple

landskab
landscape

blad
leaf

vejviser
signpost

vej
path

eng
meadow

sten
stone

træ
tree

vandrer
hiker

flod
river

græs
grass

blomst
flower

dal
valley

bjerg
hill

sø
lake

skov
forest

ørken
desert

vulkan
volcano

slot
castle

regnbue
rainbow

svamp
mushroom

palme
palm tree

moskito
mosquito

flue
fly

myre
ant

bi
bee

edderkop
spider

bille
beetle

frø
frog

egern
squirrel

pindsvin
hedgehog

hare
hare

ugle
owl

fugl
bird

svane
swan

vildsvin
boar

hjort
deer

elg
moose

dæmning
dam

vindmølle
wind turbine

solcellemodul
solar panel

klima
climate

tjener
waiter

spisekort
menu

stol
chair

suppe
soup

pizza
pizza

bestik
cutlery

borddug
tablecloth

forret
starter

hovedret
main course

dessert
dessert

drikkevarer
drinks

mad
food

flaske
bottle

fastfood

fast food

streetfood

street food

tekande

teapot

sukkerdåse

sugar bowl

portion

portion

espressomaskine

espresso machine

barnestol

high chair

faktura

bill

tablet

tray

kniv

knife

gaffel

fork

ske

spoon

teske

teaspoon

serviet

serviette

glas

glass

restaurant - restaurant

tallerken

plate

dyb tallerken

soup plate

underkop

saucer

sovs

sauce

saltbøsse

salt shaker

peberkværn

pepper mill

eddike

vinegar

olie

oil

krydderier

spices

ketchup

ketchup

sennep

mustard

mayonnaise

mayonnaise

tilbud
special offer

kunde
customer

mælkeprodukter
dairy products

frugt
fruit

indkøbsvogn
shopping cart

FOR

slagter
butcher's shop

bageri
bakery

veje
weigh

grøntsager
vegetables

kød
meat

frostvarer
frozen food

pålæg

cold cuts

konserves

canned food

vaskemiddel

detergent

slik

candy

husholdningsvarer

household products

rengøringsmidler

cleaning products

ekspedient

sales representative

kasse

cash register

kasserer

cashier

indkøbsliste

shopping list

åbningstider

opening hours

tegnebog

wallet

kreditkort

credit card

taske

bag

plasticpose

plastic bag

vand

water

saft

juice

mælk

milk

cola

coke

vin

wine

øl

beer

alkohol

alcohol

kakao

cocoa

te

tea

kaffe

coffee

espresso

espresso

cappuccino

cappuccino

banan

banana

æble

apple

appelsin

orange

melon

melon

citron

lemon

gulerod

carrot

hvidløg

garlic

bambus

bamboo

løg

onion

svamp

mushroom

nødder

nuts

nudler

noodles

spaghetti

spaghetti

ris

rice

salat

salad

pomfritter

fries

stegte kartofler

fried potatoes

pizza

pizza

hamburger

hamburger

sandwich

sandwich

schnitzel

escalope

skinke

ham

salami

salami

pølse

sausage

kylling

chicken

steg

roast

fisk

fish

havregryn

porridge oats

mysli

muesli

cornflakes

cornflakes

mel

flour

croissant

croissant

rundstykke

bread roll

brød

bread

toast

toast

kiks

cookies

smør

butter

kvark

curd

kage

cake

æg

egg

spejlæg

fried egg

ost

cheese

is
ice cream

sukker
sugar

honning
honey

marmelade
jelly

nougat-creme
nougat cream

karry
curry

mad - food

bondehus
farm house

skur
barn

halmballer
straw bale

mark
field

hest
horse

anhænger
trailer

føl
foal

traktor
tractor

æsel
donkey

lam
lamb

får
sheep

ged
goat

ko
cow

kalv
calf

svin
pig

gris
piglet

tyr
bull

gås

goose

and

duck

kylling

chick

høne

hen

hane

cockerel

rotte

rat

kat

cat

mus

mouse

okse

ox

hund

dog

hundehus

dog house

haveslange

garden hose

vandkande

watering can

le

scythe

plov

plow

segl
sickle

hakkejern
hoe

møggreb
pitchfork

økse
axe

trillebør
pushcart

trug
trough

mælkekande
milk can

sæk
sack

hæk
fence

stald
stable

drivhus
greenhouse

jord
soil

frø
seed

gødning
fertilizer

mejetærsker
combine harvester

høste

harvest

høst

harvest

yams

yams

hvede

wheat

soja

soya

kartoffel

potato

majs

corn

raps

rapeseed

frugttræ

fruit tree

maniok

manioc

korn

grain

skorsten
chimney

tag
roof

tagrende
downspout

vindue
window

garage
garage

dørklokke
doorbell

dør
door

skraldespand
trash can

postkasse
mailbox

have
garden

stue
living room

badeværelse
bathroom

køkken
kitchen

soveværelse
bedroom

børneværelse
kids room

spisestue
dining room

gulv

floor

væg

wall

loft

ceiling

kælder

cellar

sauna

sauna

altan

balcony

terrasse

terrace

svømmehal

pool

plæneklipper

lawn mower

dynebetræk

sheet

dyne

bedspread

seng

bed

kost

broom

spand

bucket

kontakt

switch

tapet
wallpaper

billede
picture

lampe
lamp

reol
shelf

skab
cabinet

pejs
fireplace

fjernsyn
television

blomst
flower

pude
cushion

vase
vase

sofa
sofa

fjernbetjening
remote control

gulvtæppe
carpet

gardin
drape

bord
table

stol
chair

gyngestol
rocking chair

lænestol
armchair

bog

book

tæppe

blanket

dekoration

decoration

brænde

firewood

film

film

stereoanlæg

stereo system

nøgle

key

avis

newspaper

maleri

painting

plakat

poster

radio

radio

notesblok

notebook

støvsuger

vacuum cleaner

kaktus

cactus

lys

candle

køleskab
fridge

mikrobølgeovn
microwave oven

køkkenvægt
kitchen scales

brødrister
toaster

rengøringsmiddel
laundry detergent

bageovn
stove

fryserum
freezer

skraldespand
trash can

opvaskemaskine
dishwasher

komfur
cooker

gryde
pot

jerngryde
cast-iron pot

wok / kadai
wok / kadai

pande
pan

elkedel
kettle

dampkoger

steamer

bageplade

baking tray

service

crockery

bæger

mug

skål

bowl

spisepinde

chopsticks

øseske

ladle

paletkniv

spatula

piskeris

whisk

dørslag

strainer

si

sieve

rive

grater

morter

mortar

grille

barbecue

ildsted

fireplace

skærebræt

chopping board

kagerulle

rolling pin

proptrækker

corkscrew

dåse

can

dåseåbner

can opener

grydelap

oven cloth

køkkenvask

sink

børste

brush

svamp

sponge

blender

blender

dybfryser

deep freezer

sutteflaske

baby bottle

vandhane

tap

brusebad
shower

radiator
heating

håndklæde
towel

bruserforhæng
shower curtain

skumbad
bubble bath

badekar
bathtub

glas
glass

vaskemaskine
washing machine

vandhane
tap

fliser
tiles

tissepotte
potty

køkkenvask
sink

toilet

toilet

hugsiddende toilet

squat toilet

bidet

bidet

pissoir

urinal

toiletpapir

toilet paper

toiletbørste

toilet brush

tandbørste
toothbrush

tandpasta
toothpaste

tandtråd
dental floss

vaske
wash

håndbruser
hand shower

intimbruser
douche

vaskefad
basin

badebørste
back brush

sæbe
soap

brusegele
shower gel

shampoo
shampoo

vaskeklud
flannel

afløb
drain

creme
creme

deodorant
deodorant

spejl

mirror

kosmetikspejl

hand mirror

barberhøvl

razor

barberskum

shaving foam

barbervand

aftershave

kam

comb

børste

brush

hårtørrer

hair-dryer

hårspray

hairspray

makeup

makeup

læbestift

lipstick

neglelak

nail varnish

vat

cotton wool

neglesaks

nail scissors

parfume

perfume

toilettaske

washbag

skammel

stool

vægt

weighing scales

badekåbe

bathrobe

gummihandsker

rubber gloves

tampon

tampon

damebind

sanitary towel

kemisk toilet

chemical toilet

vækkeur
alarm clock

bamse
cuddly toy

legetøjsbil
toy car

skralde
rattle

dukkehus
doll's house

gave
present

ballon

balloon

seng

bed

barnevogn

stroller

kortspil

deck of cards

puslespil

jigsaw

tegneserie

comic

legoklodser

lego bricks

byggeklodser

toy blocks

action figur

action figure

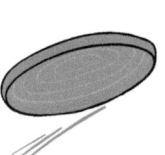

sparkedragt

romper suit

frisbee

frisbee

uro

mobile

brætspil

board game

terning

dice

modeljernbane

model train set

sut

pacifier

fest

party

billedbog

picture book

bold

ball

dukke

doll

lege

play

sandkasse

sandpit

gynge

swing

legetøj

toys

spillekonsol

video game console

trehjulet cykel

tricycle

bamse

teddy bear

klædeskab

wardrobe

tøj

clothing

sokker

socks

strømper

stockings

strømpebukser

tights

sjal
scarf

paraply
umbrella

bælte
belt

T-shirt
t-shirt

sneakers
sneakers

støvler
boots

hjemmesko
slippers

sandaler	sko	gummistøvler
sandals	shoes	rubber boots

underbukser	BH	undertrøje
underwear	bra	undershirt

body
body

bukser
pants

jeans
jeans

nederdel
skirt

bluse
blouse

skjorte
shirt

pullover
pullover

sweatshirt
sweater

blazer
blazer

jakke
jacket

frakke
coat

regnfrakke
raincoat

kostume
costume

kjole
dress

brudekjole
wedding dress

tøj - clothing

jakkesæt

suit

nattrøje

nightgown

pyjamas

pajamas

sari

sari

hovedtørklæde

headscarf

turban

turban

burka

burka

kaftan

kaftan

abaya

abaya

badedragt

swimsuit

badebukser

trunks

korte bukser

shorts

træningsdragt

tracksuit

forklæde

apron

handsker

gloves

tøj - clothing

knap

button

briller

glasses

armbånd

bracelet

kæde

necklace

ring

ring

ørering

earring

hue

cap

bøjle

coat hanger

hat

hat

slips

tie

lynlås

zip

hjelm

helmet

seler

braces

skoleuniform

school uniform

uniform

uniform

hagesmæk
bib

sut
pacifier

ble
diaper

server
server

arkivskab
filing cabinet

printer
printer

skærm
monitor

papir
paper

skrivebord
desk

mus
mouse

mappe
folder

tastatur
keyboard

papirkurv
waste-paper basket

stol
chair

computer
computer

kaffekrus
coffee mug

lommeregner
calculator

internet
internet

bærbar

laptop

brev

letter

besked

message

mobil

cell phone

netværk

network

kopimaskine

photocopier

software

software

telefon

telephone

stikdåse

plug socket

fax

fax machine

formular

form

dokument

document

købe
buy

betale
pay

handle
trade

penge
money

dollar
dollar

euro
euro

yen
yen

rubel
rouble

schweizerfranc
Swiss franc

renminbi yuan
renminbi yuan

rupee
rupee

hæveautomat
cash point

vekselkontor

currency exchange office

guld

gold

sølv

silver

olie

oil

energi

energy

pris

price

kontrakt

contract

skat

tax

aktie

stock

arbejde

work

ansat

employee

arbejdsgiver

employer

fabrik

factory

butik

shop

politimand
police officer

brandmand
fireman

pilot
pilot

kok
cook

læge
doctor

gartner
gardener

tømrer
carpenter

syerske
seamstress

dommer
judge

kemiker
chemist

skuespiller
actor

buschauffør

bus driver

taxachauffør

taxi driver

fisker

fisherman

rengøringskone

cleaning lady

tagdækker

roofer

tjener

waiter

jæger

hunter

maler

painter

bager

baker

elektriker

electrician

bygningsarbejder

builder

ingeniør

engineer

slagter

butcher

vvs-mand

plumber

postbud

postman

soldat

soldier

arkitekt

architect

kasserer

cashier

blomsterhandler

florist

frisør

hairdresser

togfører

conductor

mekaniker

mechanic

kaptajn

captain

tandlæge

dentist

videnskabsmand

scientist

rabbiner

rabbi

imam

imam

munk

monk

præst

pastor

hammer
hammer

tang
pliers

skruedrejer
screwdriver

skruenøgle
wrench

lommelygte
torch

gravemaskine

excavator

værktøjskasse

toolbox

stige

ladder

sav

saw

søm

nails

bor

drill

reparere

repair

skovl

shovel

Lort!

Damn!

fejebakke

dustpan

malerspand

paint can

skruer

screws

musikinstrumenter
musical instruments

trommer
drum set

højttaler
loud speaker

guitar
guitar

kontrabas
double bass

trompet
trumpet

klaver

piano

violin

violin

bas

bass

pauke

timpani

tromme

drums

keyboard

keyboard

saxofon

saxophone

fløjte

flute

mikrofon

microphone

indgang
entrance

tiger
tiger

bur
cage

zebra
zebra

dyrefoder
animal feed

panda
panda

dyr

animals

elefant

elephant

kænguru

kangaroo

næsehorn

rhino

gorilla

gorilla

bjørn

bear

kamel

camel

struds

ostrich

løve

lion

abe

monkey

flamingo

flamingo

papegøje

parrot

isbjørn

polar bear

pingvin

penguin

haj

shark

påfugl

peacock

slange

snake

krokodille

crocodile

dyrepasser

zookeeper

sæl

seal

jaguar

jaguar

pony
pony

leopard
leopard

flodhest
hippo

giraf
giraffe

ørn
eagle

vildsvin
boar

fisk
fish

skildpadde
turtle

hvalros
walrus

ræv
fox

gazelle
gazelle

amerikansk football
American football

cykling
cycling

tennis
tennis

basketball
basketball

svømning
swimming

boksning
boxing

ishockey
ice hockey

fodbold
soccer

badminton
badminton

atletik
athletics

håndbold
handball

skiløb
skiing

polo
polo

grine
laugh

springe
jump

give et knus
hug

gå
walk

synge
sing

drømme
dream

bede
pray

kysse
kiss

skrive
write

tegne
draw

vise
show

skubbe
push

give
give

tage
take

have

have

gøre

do

være

be

stå

stand

løbe

run

trække

pull

kaste

throw

falde

fall

ligge

lie

vente

wait

bære

carry

sidde

sit

tage på

get dressed

sove

sleep

vågne

wake up

se på
look at

græde
cry

ae
stroke

kæmme
comb

tale
talk

forstå
understand

spørge
ask

høre
listen

drikke
drink

spise
eat

rydde op
tidy up

elske
love

koge
cook

køre
drive

flyve
fly

aktiviteter - activities

sejle

sail

regne

calculate

læse

read

lære

learn

arbejde

work

gifte sig med

marry

sy

sew

børste tænder

brush teeth

dræbe

kill

ryge

smoke

sende

send

bedstemor
grandmother

bedstefar
grandfather

far
father

mor
mother

baby
baby

datter
daughter

søn
son

gæst
guest

tante
aunt

onkel
uncle

bror
brother

søster
sister

pande
forehead

øje
eye

skulder
shoulder

finger
finger

ansigt
face

hage
chin

hånd
hand

bryst
breast

ben
leg

arm
arm

baby
baby

mand
man

kvinde
woman

pige
girl

dreng
boy

hoved
head

ryg

back

mave

belly

navle

navel

tå

toe

hæl

heel

knogle

bone

hofte

hip

knæ

knee

albue

elbow

næse

nose

bagdel

buttocks

hud

skin

kind

cheek

øre

ear

læbe

lip

krop - body

mund

mouth

tand

tooth

tunge

tongue

hjerne

brain

hjerte

heart

muskel

muscle

lunge

lung

lever

liver

mavesæk

stomach

nyrer

kidneys

sex

sex

kondom

condom

ægcelle

ovum

sperm

semen

svangerskab

pregnancy

menstruation

menstruation

vagina

vagina

penis

penis

øjenbryn

eyebrow

hår

hair

hals

neck

sygehus
hospital

ambulance
ambulance

kørestol
wheelchair

brud
fracture

læge

doctor

akutmodtagelse

emergency room

sygeplejerske

nurse

nødstilfælde

emergency

bevidstløs

unconscious

smerte

pain

skade

injury

blødning

bleeding

hjerteinfarkt

heart attack

slagtilfælde

stroke

allergi

allergy

hoste

cough

feber

fever

influenza

flu

diarré

diarrhea

hovedpine

headache

kræft

cancer

diabetes

diabetes

kirurg

surgeon

skalpel

scalpel

operation

operation

CT

CT

røntgen

x-ray

ultralyd

ultrasound

maske

face mask

sygdom

disease

venteværelse

waiting room

krykke

crutch

plaster

plaster

forbinding

bandage

injektion

injection

stetoskop

stethoscope

båre

stretcher

termometer

clinical thermometer

fødsel

birth

overvægt

overweight

høreapparat

hearing aid

desinficerende middel

disinfectant

infektion

infection

virus

virus

HIV / AIDS

HIV / AIDS

medicin

medicine

vaccination

vaccination

tabletter

tablets

pille

pill

nødopkald

emergency call

blodtryksmåler

blood pressure monitor

syg / rask

ill / healthy

Hjælp!

Help!

alarm

alarm

overfald

assault

angreb

attack

fare

danger

nødudgang

emergency exit

Det brænder!

Fire!

ildslukker

fire extinguisher

uheld

accident

førstehjælps-kuffert

first-aid kit

SOS

SOS

politi

police

Europa

Europe

Nordamerika

North America

Sydamerika

South America

Afrika

Africa

Asien

Asia

Australien

Australia

Atlanterhavet

Atlantic

Stillehavet

Pacific

Indiske Ocean

Indian Ocean

Sydlige Ishav

Antarctic Ocean

Ishav

Arctic Ocean

Nordpol

North pole

Sydpol

South pole

Antarktis

Antarctica

Jorden

earth

land

land

hav

sea

ø

island

nation

nation

stat

state

urskive

clock face

timeviser

hour hand

minutviser

minute hand

sekundviser

second hand

Hvad er klokken?

What time is it?

dag

day

tid

time

nu

now

digitalur

digital watch

minut

minute

time

hour

mandag / Monday
onsdag / Wednesday
fredag / Friday
tirsdag / Tuesday
torsdag / Thursday
lørdag / Saturday
søndag / Sunday

i går
....
yesterday

i dag
....
today

i morgen
....
tomorrow

morgen
....
morning

middag
....
noon

aften
....
evening

MO	TU	WE	TH	FR	SA	SU
1	2	3	4	5	6	7
8	9	10	11	12	13	14
15	16	17	18	19	20	21
22	23	24	25	26	27	28
29	30	31	1	2	3	4

arbejdsdage
....
workdays

MO	TU	WE	TH	FR	SA	SU
1	2	3	4	5	6	7
8	9	10	11	12	13	14
15	16	17	18	19	20	21
22	23	24	25	26	27	28
29	30	31	1	2	3	4

weekend
....
weekend

regn
rain

regnbue
rainbow

vind
wind

sne
snow

forår
spring

efterår
fall

sommer
summer

vinter
winter

vejrudsigt
weather forecast

termometer
thermometer

solskin
sunshine

sky
cloud

tåge
fog

luftfugtighed
humidity

lyn

lightning

torden

thunder

storm

storm

hagl

hail

monsun

monsoon

flod

flood

is

ice

januar

January

februar

February

marts

March

april

April

maj

May

juni

June

juli

July

august

August

september
September

oktober
October

november
November

december
December

former
shapes

cirkel
circle

kvadrat
square

firkant
rectangle

trekant
triangle

kugle
sphere

terning
cube

hvid

white

gul

yellow

orange

orange

pink

pink

rød

red

lilla

purple

blå

blue

grøn

green

brun

brown

grå

gray

sort

black

meget / lidt

a lot / a little

rasende / fredelig

angry / calm

smuk / grim

beautiful / ugly

begyndelse / slut

beginning / end

stor / lille

big / small

lys / mørk

bright / dark

bror / søster

brother / sister

ren / snavset

clean / dirty

fuldkommen / ufuldkommen

complete / incomplete

dag / nat

day / night

død / levende

dead / alive

bred / smal

wide / narrow

spiselig / uspiselig

edible / inedible

vred / venlig

evil / kind

ophidset / kedet

excited / bored

tyk / tynd

fat / thin

først / sidst

first / last

ven / fjende

friend / enemy

fuld / tom

full / empty

hård / blød

hard / soft

tung / let

heavy / light

sult / tørst

hunger / thirst

syg / rask

ill / healthy

illegal / legal

illegal / legal

intelligent / dum

intelligent / stupid

venstre / højre

left / right

nær / fjern

near / far

ny / brugt
new / used

intet / noget
nothing / something

gammel / ung
old / young

tændt / slukket
on / off

åben / lukket
open / closed

stille / højt
quiet / loud

rig / fattig
rich / poor

rigtig / forkert
right / wrong

ru / glat
rough / smooth

ked af det / lykkelig
sad / happy

kort / lang
short / long

langsom / hurtig
slow / fast

våd / tør
wet / dry

varm / kold
warm / cool

krig / fred
war / peace

0

nul

zero

1

en

one

2

to

two

3

tre

three

4

fire

four

5

fem

five

6

seks

six

7

syv

seven

8

otte

eight

9

ni

nine

10

ti

ten

11

elleve

eleven

12
tolv
twelve

13
tretten
thirteen

14
fjorten
fourteen

15
femten
fifteen

16
seksten
sixteen

17
sytten
seventeen

18
atten
eighteen

19
nitten
nineteen

20
tyve
twenty

100
hundrede
hundred

1.000
tusinde
thousand

1.000.000
million
million

engelsk

English

amerikansk engelsk

American English

kinesisk mandarin

Chinese Mandarin

hindi

Hindi

spansk

Spanish

fransk

French

arabisk

Arabic

russisk

Russian

portugisisk

Portuguese

bengalsk

Bengali

tysk

German

japansk

Japanese

jeg

I

du

you

han / hun / den / det

he / she / it

vi

we

I

you

de

they

hvem?

who?

hvad?

what?

hvordan?

how?

hvor?

where?

hvornår?

when?

navn

name

bag

behind

i

in

foran

in front of

over

over

på

on

under

under

ved siden af

beside

imellem

between

sted

place